BEI GRIN MACHT SICH IHR WISSEN BEZAHLT

- Wir veröffentlichen Ihre Hausarbeit,
  Bachelor- und Masterarbeit

- Ihr eigenes eBook und Buch -
  weltweit in allen wichtigen Shops

- Verdienen Sie an jedem Verkauf

Jetzt bei www.GRIN.com hochladen und kostenlos publizieren

Bibliografische Information der Deutschen Nationalbibliothek:

Die Deutsche Bibliothek verzeichnet diese Publikation in der Deutschen National-
bibliografie; detaillierte bibliografische Daten sind im Internet über http://dnb.d-
nb.de/ abrufbar.

Impressum:

Copyright © 2010 GRIN Verlag
Druck und Bindung: Books on Demand GmbH, Norderstedt Germany
ISBN: 9783346237293

Dieses Buch bei GRIN:

https://www.grin.com/document/917193

Malte Horstmann

Ubiquitous Computing. Vision, Szenarien und aktuelle Entwicklungen

GRIN Verlag

GRIN - Your knowledge has value

Der GRIN Verlag publiziert seit 1998 wissenschaftliche Arbeiten von Studenten, Hochschullehrern und anderen Akademikern als eBook und gedrucktes Buch. Die Verlagswebsite www.grin.com ist die ideale Plattform zur Veröffentlichung von Hausarbeiten, Abschlussarbeiten, wissenschaftlichen Aufsätzen, Dissertationen und Fachbüchern.

Ubiquitous Computing

-

Vision, Szenarien und aktuelle Entwicklungen

Seminararbeit im Rahmen des Wirtschaftsinformatik-Seminars

- Mobile and Ubiquitous Computing in den Zeiten der Cloud -

vorgelegt am Betriebswirtschaftlichen Institut der Universität Stuttgart,

Abteilung VII,

Lehrstuhl für Allgemeine Betriebswirtschaftslehre und Wirtschaftsinformatik I, insbesondere Informationsmanagement

von Malte Horstmann

Inhaltsverzeichnis

Abkürzungsverzeichnis

ACM	Association for Computing Machinery
AmI	Ambient Intelligence
AR	Augmented Reality
ARM	Advanced RISC Machines
BSI	Bundesamt für Sicherheit in der Informationstechnik
BT	Bluetooth
ICANN	The Internet Corporation for Assigned Names and Numbers
IST	Information Society Technology
IST-AG	Information Society Technology Advisory Group
MEMS	Microelectromechanical systems
RFID	Radio-Frequency Identification
TCP/IP	Transmission Control Protocol/Internet Protocol
UC	Ubiquitous Computing
VR	Virtual Reality
WLAN	Wireless local Area Network
WPAN	Wireless personal Area Network
Xerox PARC	Xerox Palo Alto Research Center

Abbildungsverzeichnis

1 Weisers Vision

Selten kann ein visionärer Begriff der Wissenschaft, der dazuhin noch einen Paradigmenwechsel beschreibt, einer einzelnen Person zugeschrieben werden. Wenn auch die Ideen selbst schon viel älter sind[1], der Begriff Ubiquitous Computing (UC) wird heute auf Mark Weiser zurückgeführt. Der 1999 verstorbene, für das Xerox Forschungszentrum (Xerox PARC) arbeitende Informatiker und Wissenschaftler verwendete diesen Begriff bereits 1988[2] für das gleichnamige Projekt und 1991 in seinem ersten veröffentlichten Aufsatz zu diesem Thema.[3]

In diesem Aufsatz vergleicht Weiser seine Vision zur Allgegenwärtigkeit (engl. ubiquitous) von Computern mit einer der fundamental wichtigen Errungenschaften der menschlichen Kultur, nämlich die Fähigkeit Informationen unabhängig vom Individuum festhalten und weitergeben zu können, in anderen Worten: Schreiben bzw. Lesen zu können. Diese Fähigkeit ist allgegenwärtig und revolutionär, da sie bereits unsichtbar geworden ist und sich nahtlos in den Alltag einfügt.

Laut Weiser hat der Computer in den letzten Jahrzehnten aber eher den Weg der „dramatischen Maschine"[4] genommen: ein Objekt, das so interessant ist, dass wir nicht mehr ohne es wollen[5]. Seine Vision sieht im Gegensatz dazu vor, dass Computer als uns unterstützende Rechenmaschine sich in den Alltag eingliedert, ohne dass ein Benutzer über die Interaktion nachdenken muss[6]. Der Mensch wird also wieder ins Zentrum gerückt:

„By pushing computers into the background, ... will make individuals more aware of the people on the other ends of their computer links."[7]

Dieser Vergleich macht deutlich, welches Ausmaß Weisers Vision in Richtung der transparenten[8] Maschine[9, 10] hat, wenn man sie in vollem Umfang betrachtet.

.

---

[1] vgl. Bell und Dourish (2006) S. 133.
[2] vgl. Weiser (1993a) S. 75.
[3] vgl. Weiser (1991) S. 94ff.
[4] Weiser (1996), Ubiquitous Computing, speziell #2; URL siehe Literaturverzeichnis.
[5] vgl. Weiser (1993b) S. 71.
[6] vgl. Weiser (1994) S. 7.
[7] .Weiser (1991) S. 103.
[8] vgl. Transparenz in der objektorientierten Programmierung.
[9] vgl. Brown (2001) S. 86ff.
[10] vgl. Taubes (2000), Transparent Computing, IBM Think Research, URL siehe Literaturverzeichnis.

2   Definitionen und Abgrenzungen

2.1 Ubiquitous Computing

Da sich mit dem von Weiser geprägten Wort weitere Begriffe entwickelt haben, ist die hinter UC liegende Definition sehr vielschichtig und wird auch nicht immer einheitlich verwendet. Historisch lässt sich UC heute in eine Entwicklung einordnen, die mit den Mainframe-Computern begonnen hat, heute einen Paradigmenwechsel mit einem persönlichen Computer für einen Menschen herbeigeführt hat und morgen viele vernetzte Computer für viele Menschen bereitstellen soll[11]: „A billion people interacting with a million e-businesses through a trillion interconnected intelligent devices..." [12]

Ebenso spätere Forschungsteams ließen in ihrem Ansatz den Mensch im Zentrum um dessen Umfeld mit technischen Möglichkeiten zu erweitern – nicht umgekehrt[13].

Weiser selbst sieht „location" und „scale" als wichtige Kriterien an, welche die Machbarkeit von UC determinieren[14]. Er definiert diese Kriterien als besonders wichtig, da Computer klein sein müssen um durchdringend zu sein und um von Menschen akzeptiert zu werden. Um aber weiterhin funktional sein zu können, müssen sie ihre eigene Position kennen, sowie ihr Verhalten an ihre Umgebung anpassen. Weiser weist aber darauf hin, dass Computer dennoch in verschiedenen Größen vorhanden sein werden: tabs, pads und boards. Weiter spricht er von einer Vielzahl von solchen Objekten, die in jedem Raum eingesetzt werden können[15]. Diese Objekte müssen dann vollständig miteinander verbunden sein. Für UC haben sich momentan[16] folgende Eigenschaften durchgesetzt:

Allgegenwart (engl. ubiquitous): jedes erdenkliche Objekt soll einen Mikroprozessor haben und somit eine Allgegenwart von Computern erzeugen mit dem Zweck „jederzeit und allerorts verfügbar, bzw. mobil"[17] zu sein.

Vernetzung (engl. interconnection): Weiser und Brown beschreiben basierend auf der technischen Entwicklung der letzten 50 Jahre erst eine Vernetzung von einzelnen

---

[11] vgl. Castells (2009) und Weiser (1993b).
[12] IBM Chairman Lou Gerstner in Hansmann et al. (2001) S. 1.
[13] vgl. MIT Oxygen Project und Ishii et. al (1995), URLs siehe Literaturverzeichnis.
[14] Weiser (1991) Seite 5.
[15] vgl. Weiser (1991) Seite 5.
[16] vgl. Fleisch (2010) und Fleisch (2001) S. 3, Gellersen (2000), Greenfield (2006a), Koch & Schlichter (2001), Koch & Schlichter (2001), Krcmar (2010) S. 504 ff, Mattern (2001), Mattern (2003), Melcher et al. (2008) S. 165ff, Lyytinen & Yoo (2002a).
[17] Melcher et al. (2008) S. 165.

PCs und im UC dann die Vernetzung aller Dinge[18]. Dabei sollen sich die Geräte ohne eine nötige administrative Interaktion eines Menschen von alleine vernetzen.

Einbettung (engl. embedded): Krcmar spricht hier von einer „Verschmelzung", bei der „Computer zum integrativen Bestandteil der physischen Realität werden"[19]. Greenfield beschreibt mit embedded, dass die mit Mikroprozessoren versehenen Objekte unaufdringlich in unser Leben eingebettet sein müssen[20]. Und differenziert dies gleichzeitig von „imperceptible"[21] (dt.: nicht wahrnehmbar), da die allgegenwärtigen und drahtlos mit einander verbundenen Geräte nicht mehr wahrnehmbar sein dürfen.

Kontextsensitivität (engl. context-sensitivity): Mattern[22] spricht hier von smarten Gegenständen, die über integrierte Sensoren ihre Umgebung selbst erfassen und sich daran anpassen, „... which allows intelligent things to decide and act on a decentralized basis"[23]. Greenfield erweitert diese Eigenschaft um multiplicity (dt.: Vielseitigkeit), nämlich dann, wenn Objekte sich an den Kontext der gerade gewünschten Funktion anpassen.

Über die genannten Eigenschaften hinaus nennt Krcmar[24] noch die „Vermehrung und Spezialisierung" als wichtige Eigenschaften von UC-Objekten, bei der einzelne Computer nicht mehr Universalgeräte sind, sondern für jede Aufgabe Spezialobjekte vorhanden sind.

Die genannten Eigenschaften fordern eine Kurzdefinition wie von Pipek beschrieben: „Ubiquitous (‚Allgegenwärtiges') Computing ist ein Post-Desktop Modell der Mensch-Computer-Interaktion, bei der digitale Informationsverarbeitung in weiten Teilen in Alltagsgegenstände und Alltagspraxen integriert ist."[25] Auch Krcmar versteht UC im Sinne Weisers als „... eine verbesserte Computernutzung durch die allgegenwärtige Bereitstellung von Rechnern in der physischen Umgebung. Die Computer verschwinden weitestgehend aus dem Sichtfeld der Anwender."[26] Auch die im Rahmen der ersten UC Konferenzen aufgezeigten Motivationen, werden meist wie folgt beschrieben: "While in contrast to personal technologies, the motivation for ubiquitous compu-

---

[18] vgl. Weiser und Brown (1996).
[19] Krcmar (2010) S. 507.
[20] Greenfield (2006a) S. 21.
[21] vgl. Vorlesung von Greenfield (2006b) über Everyware, min. 5:50, URL siehe Literaturverzeichnis.
[22] vgl. Mattern (2003) S. 20f.
[23] Fleisch (2001) S.4.
[24] vgl. Krcmar (2010) S. 507.
[25] Pipek (2011).
[26] Krcmar (2010) S. 506.

ting is much the same: computing support in all situations of our everyday life, anywhere and anytime."[27].

2.2 Begrifflichkeiten in der aktuellen Entwicklung

Mitte 1990 kam der oft synonym verwendete Begriff des Pervasive Computing (dt.: durchdringend) auf, der nach Ansicht von Satyanarayanan deckungsgleich zu UC ist.[28] Friedemann Mattern weist jedoch auf den Unterschied zwischen akademisch-idealistischer und industrieller Weise hin. Dabei wird die akademische Definition eher als utopische Vision wahrgenommen, eben jenes von Weiser geprägtes UC, während sich die industrielle Ansicht auf eine kurzfristige Machbarkeit als Ziel stützt und unter dem Namen Pervasive Computing bekannt wurde.[29] Weiser war möglicherweise selbst nicht zufrieden mit seiner Wortwahl, wenn man den letzten Paragraph aus seinem ersten Essay wörtlich nimmt[30]: "Sitting back and reading the paragraph, Sal wants to point to a word. ... 'I think it's this term *ubiquitous*. It's just not in common enough use and makes the whole passage sound a little formal.' "[31].

Ein weiterer Begriff, der Ende der 90er aufkam ist der vom europäischen Forschungsprogramm Information Society Technology (IST) geprägte Begriff Ambient Intelligence (AmI). Diese Vision ist eine Verschmelzung des Begriffs UC sowie allgegenwärtiger Kommunikation und intelligenter benutzerfreundlicher Schnittstelle[32]. Kritisch zu betrachten bei dieser Visionsdefinition ist, dass UC selbst auf den beiden letzten Kriterien basiert: im Sinne der drahtlosen Vernetzung und durch eine unbemerkbare Einbettung daher ebenso eine benutzerfreundliche Schnittstellen fordert. Auch die IST Advisory Group fordert eine stärkere Auseinandersetzung mit dem Begriff[33] und differenziert AmI von Pervasive Computing dadurch, dass AmI einen benutzerorientierten anstatt eines technologischen Ansatz bevorzugt: „User-pull" statt „technology push".[34] Ein im Zusammenhang mit dem IST stehender Begriff ist Intelligent Environments, welcher sich als Funktion sieht, die Vision des AmI zu verwirklichen[35].

---

[27] vlg. HUC 99, aims and scope, URL siehe Literaturverzeichnis.
[28] vgl. Satyanarayanan (2002) S. 3.
[29] vgl. Mattern (2004) S. 1.
[30] vgl. Satyanarayanan (2002) S. 3.
[31] Weiser (1991) S. 102.
[32] vgl. IST-AG (1999) S.2.
[33] vgl. IST-AG (2003) S. 12.
[34] IST-AG (2003) S. 6.
[35] vgl. Minker und Weber (2009) S. xvii.

Ein Teilaspekt des UCs ist der Bereich des Mobile Computing, bzw. meist synonym verwendeten Nomadic Computing. Hier liegt der Fokus laut Forman und Zahorjan auf Kommunikation, Mobilität und Portabilität.[36] Lyytinen und Yoo differenzieren Mobile Computing anhand der geringeren Einbettung vom Ubiquitous Computing[37] und argumentieren für eine Abgrenzung des Forschungsbereichs Nomadic Computing vom Mobile Computing, da dies weder das Design im Großen noch die Integration in vorhandene Systeme betrachtet.[38]

Weiser grenzt bereits in seinen ersten Texten UC von der „Virtual Reality" (VR) ab. VR sei ein von Computern gestütztes Abbild der Welt, in das der Mensch übertragen wird. Somit also ein vereinfachtes Modell der Wirklichkeit darstellt und dabei die ausgrenzt, die die Brille, die zum Betrachten nötig ist, nicht tragen.[39] Seine Vorstellung von UC steht VR diametral gegenüber[40] und fordert eine unsichtbare, bzw. transparente Bereicherung der jetzigen Welt. Er prägt dabei den Begriff „Embodied Virtuality", wobei er mit Virtualität, die Virtualität digitaler Daten bezeichnet. Barfield und Caudell, Letzterer gilt als Wortschöpfer der Augmented Reality (AR), setzen VR und AR in Bezug, da bei beiden sehr wenig Mobilität (3-4m) auf Grund der kabelgebundenen Verbindung zum Computer, gewährleistet ist. Der Unterschied der beiden Forschungsrichtungen liegt darin, dass VR eine komplette Simulation der Realwelt darstellt, wohingegen AR die Realwelt um virtuelle Projektionen erweitert. Basierend auf den Ideen des Mobile Computing hat sich mit Blick auf AR der Zweig des Wearable Computing entwickelt, der als Objekt/Brille beschrieben wird, welches nicht mehr per Kabel, sondern per Funk mit einer Informationsquelle verbunden ist, und immer von überall auf die benötigte Information zurückgreifen kann.[41]

Einer der neusten Begriffe im Umfeld des UC ist der vom ehemaligen Nokia Chef-Designer Adam Greenfield durch sein gleichnamiges Buch geprägte: Everyware[42], in dem er den Paradigmenwechsel des UCs diskutiert ohne auf technische Details einzugehen.

---

[36] vgl. Forman und Zahorjan (1994) S.38.
[37] Lyytinen und Yoo (2002a) S. 64 und ebenda Abbildung: Dimensions of Ubiquitous Computing.
[38] Lyytinen und Yoo (2002b) S. 379f.
[39] vgl. Weiser (1991) S. 103.
[40] vgl. Weiser (1991) S. 94.
[41] vgl. Barfield und Caudell (2001b) S. 6ff.
[42] vgl. Greenfield (2006).

Zusammenfassend und als kurzen Überblick über die genannten Begriffe dient Abbildung 1: Dimensionen des Ubiquitous Computing nach Lyytinen und Yoo[3], in der zwischen Level der Einbettung und Level der Mobilität unterschieden wird. Dabei wird UC als Bereich mit sehr hoher Einbettung sowie sehr hoher Mobilität klassifiziert im Gegensatz zum Pervasive Computing bzw. Mobile Computing, die eine geringe Mobilität, bzw. eine geringe Einbettung vorweisen.

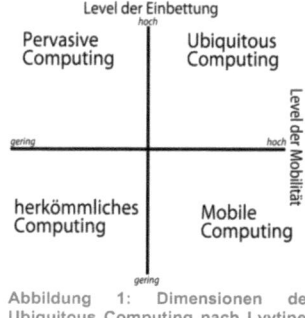

Abbildung 1: Dimensionen des Ubiquitous Computing nach Lyytinen und Yoo[37]

Eine weitere Unterscheidung nimmt Ronzani über die Analyse von Zeitungsartikeln vor und ordnet die drei Begriffe bestimmten Schlagwörtern zu. Dabei fällt UC eher in den geschäftlichen Bereich, während Pervasive Computing mehr in Kombination mit Netzwerken und AmI eher in Kombination mit Sensoren und smarten Objekten verwendet wird.[43] Dennoch kommt er zu dem Schluss, dass solche Unterschiede im täglichen Gebrauch unwichtig erscheinen.[44] Zu diesem Schluss kommen auch Bell und Dourish, die aufzeigen, dass 25% aller Artikel der Ubicomp Konferenzen zwischen 2001 und 2005 mindesten einen Artikel von Weiser zitieren[45] und argumentieren damit, dass Weisers Idee des UC eine Allgegenwärtige ist. Jedoch kritisieren sie auch, dass es eine Vision der Zukunft von Gestern sei, die entweder bereits eingetreten ist – nur nicht in der vorhergesagten Form – oder nie eintreten wird.[46] Letzteres bestätigen wiederum Melcher et al., die überzeugt sind, dass Weisers Vision als Utopie nie erreicht werden wird.[47]

3 Sozio-technische Betrachtung

Wenn nun die im letzten Kapitel beschriebenen Visionen als wünschenswertes Ziel erachtet werden, dann muss darauf folgend der Weg dorthin beschrieben werden. Schon Weiser sind die technischen Schwierigkeiten, die seine Vision hervorrufen bewusst.[48] Lyytinen und Yoo weisen desweiteren auch auf die sozialen und organi-

---

[43] vgl. Ronzani (2000) S. 13ff.
[44] vgl. ebenda S. 16.
[45] vgl. Bell & Dourish (2006) S. 133.
[46] vgl. ebenda S. 135.
[47] vgl. Melcher et al. (2008) S. 177.
[48] vgl. Weiser (1993a) S. 78ff.

satorischen Herausforderungen hin.[49] Im Folgenden werden die aktuelle technische Entwicklung sowie die allgemeine Akzeptanz heutiger UC-Services aufgezeigt. Akzeptanz wird im Sinne Spiekermanns verwendet, die Akzeptanz als Intention sieht etwas zu kaufen, bzw. zu benutzen.[50]

3.1 Digitalisierung der Realwelt

Das heute als Mooresche Gesetz[51] bekannte, alle 18 Monate verdoppelt sich die Rechenkapazität, sowie die Entwicklung von energieeffizienten Mikroprozessoren und den Ergebnissen der Nanotechnik machen den Einsatz von allgegenwärtigen, nahezu unsichtbaren Computern erst möglich.[52] Aber egal in welche Richtung geforscht wird, eine Annahme ist immer gemeinsam: die allgegenwärtigen Computer müssen in der Lage sein, Aktionen in der Realwelt aufnehmen, verarbeiten und weitergeben zu können. Dieses Konzept wird im Folgenden unter der Digitalisierung der Realwelt verstanden und wurde 1999 von Ashton unter dem Namen „The Internet of Things" bekannt gemacht.[53] Vorangetrieben durch die Entwicklung von Strich-Barcodes in den 70ern zur eindeutigen Identifizierung von Objekten, über die Entwicklung von zwei-dimensionalen Barcodes, wurden später Radio-Frequency Identification (RFID) Chips entwickelt. Diese können mehr Informationen speichern und sind gleichzeitig unabhängig von optischen Lesegeräten. Anfangs war die dahinterliegende Idee Güter berührungslos durch Warenumschlagsplätze transportieren zu können.[54]

Desweiteren wurden Aktoren (auch: Aktuatoren) entwickelt, die in der Lage sind, eigenständige Handlungen einzuleiten, bzw. Sollgrößen vorzugeben. Kombiniert man nun RFID-Chips mit Aktoren und Mikrochips hat man ein sogenanntes Mikrosystem (engl. Microelectromechanical systems (MEMS)), die bis zu 0,02mm klein sein können [55]. Goldstein[56] beschreibt ein Szenario, bei dem Mikroroboter, welche nicht autonom sind, in einem Netzwerk zusammenarbeiten und eine synthetische Oberfläche („Synthetic Reality") erzeugen.

Die genannten Entwicklungen beziehen sich bisher nur auf den Hardwarebereich, der jedoch weitere Entwicklungen im Netzwerk- wie im Softwarebereich fordert. So

---

[49] vgl. Lyytinen und Yoo (2002a) S. 64.
[50] vgl. Spiekermann (2008) S. 14.
[51] vgl. Moore (1965).
[52] vgl. Brown (2001), Lyytinen und Yoo (2002b), Lyytinen und Yoo (2002a) sowie Mattern (2004).
[53] Ashton (2009), URL siehe Literaturverzeichnis.
[54] vgl. Mattern et al. (2010) S. 108.
[55] vgl. Poslad (2009) Kapitel 6.4.2.
[56] vgl. Goldstein et al. (2005).

hat sich das TCP/I-Protokoll in seiner letzten Version (v6) soweit entwickelt, dass mehr als 1000 Adressen pro Quadratmeter vergeben werden können[57]. Aber auch wenn für IPv4 die letzten Adressen bereits vergeben wurden[58], klingt Weisers Forderung in Bezug auf IPv6 immer noch sehr futuristisch: „We need them all."[59].

Mit der Entwicklung von mobilen Endgeräten mussten auch kabellose Übertragungsstandards geschaffen werden. Unterschieden wird vor allem zwischen Wireless Personal Area Networks (WPAN) in einem Bereich bis 50m und darüber hinaus dem Wireless Local Area Network (WLAN) sowie den Mobilfunknetzen. Bekannt im Bereich des WPAN sind die optische Infrarot-Verbindung sowie die beiden Funkstandards Bluetooth (BT) und ZigBee. Im Bereich des WLAN hat sich der immer weiter entwickelte Standard IEEE 802.11 bisher durchgesetzt. Bei den Mobilfunknetzen werden mit Universal Mobile Telecommunications System (UMTS) sowie dessen Nachfolgern High Speed Downlink Packet Access (HSDPA) und Long Term Evolution (LTE) ähnlich starke Übertragungsraten wie beim WLAN erreicht. Basierend auf diesen Entwicklungen schreibt Cano et al. in Ubiqmuseum[60] über einen möglichen Einsatz von BT im Sinne von UC. Auch wenn BT und ZigBee immer einfacher ad-hoc Netzwerke errichten können, sind sie im Bereich der maximal gleichzeitigen Verbindungen noch sehr beschränkt und daher noch relativ weit weg von Weisers Vision. Im Bereich der Sensoren muss auch auf die aufkommende Bezeichnung Social Sensor hingewiesen werden, welche zum einen Sensoren bezeichnet, die soziale Interaktivitäten begleiten[61] und zum anderen der Mix zwischen sozialen Netzwerken im Web2.0 und mobilen Sensoren in Mobilfunkgeräten, die lokale Positionen aufnehmen[62] und damit neue Services bieten.

Als weitere Schwierigkeit gilt die Entwicklung von neuen Interaktionsmethoden mit den allgegenwärtigen Computern. Bereits Weiser ist sich bewusst, dass sein entworfenes Tab nicht mit einem herkömmlichen Stift zu benutzen ist. Desweiteren schließt Weiser Sprache als Interaktionsmedium aus, da dies in Gegenwart anderer Personen immer als störend empfunden wird.[63] Die am meisten verbreitete Interaktionsmethode, Tastatur und Maus, ist im Rahmen des UC unvorstellbar, denn dann müsste

---

[57] vgl. Coulouris et al. (2002), S. 129.
[58] vgl. ICANN (2011), URL siehe Literaturverzeichnis.
[59] Weiser (1996).
[60] vgl. Cano et al. (2006).
[61] vgl. Laibowitz et al. (2006).
[62] vgl. Breslin und Decker (2007).
[63] vgl. Weiser (1993a) S. 80.

mit jedem Befehl der Empfänger neu gewählt werden. Angelehnt an den Vergleich von Fleisch et al., der Technologieentwicklung in der Realweltabbildung[64], lässt sich die Tastatur, bzw. dessen Vorgänger die Lochkarte, daher eher als Kohlefackel der Steinzeit zur Festhaltung von Großereignissen an Höhlenwänden beschreiben und nicht als moderne Digitalkamera die hochauflösende Bilder hinterlässt. Ballagas et al. versuchen abseits der Tastatur daher Mobilfunkgeräte mit integrierten Kameras als Eingabegeräte zu etablieren. Sie stoßen dabei auf die Schwierigkeit, dass eine dreidimensionale Interaktivität nicht gegeben ist.[65] Entwicklungen, wie berührungsempfindliche Bildschirme, die auf mehrere Interaktionen gleichzeitig reagieren[66], zeigen neue Eingabemöglichkeiten wie die von Samsung verwendete Swype-Technologie[67] auf.

Die letzten, noch nicht marktreifen Entwicklungen bringt das Things That Think Konsortium der MIT Media Labs[68] hervor. Dieses entwickelt Interaktionsmöglichkeiten in großen Datenräumen[69], die auf speziell getrackten Handschuhen basieren oder einem mobilen Projektor, der das reale Leben um informative Projektionen erweitert[70]. Kritisch bei diesen Entwicklungen zu betrachten ist die Tatsache, dass diese bisher keine Kontextsensitivität besitzen, und somit nicht als Objekt im Sinne der UC-Vision gelten können, sondern eher dem Bereich Augmented Reality zugeordnet werden. Dennoch sehen Mistry et al. in ihrer Entwicklung einen entscheidenden Vorteil: ihr Objekt kann beliebig verkleinert werden, da es auf die herkömmlichen Eingabemethoden verzichtet: „… that rely on touch-screens, QWERTY keyboards, or pointing devices."[71]. Spiekermann hingegen sieht UC stark verknüpft mit der Automatisierung der allgegenwärtigen Computer[72] und darin eine Möglichkeit der Interaktion[73].

3.2 Nutzen

Im wirtschaftlich logistischen Bereich zeigen Fleisch und Mattern[74] im Sinne Picots grenzenloser Unternehmung[75] Situationen auf, die mit Hilfe von UC-Technologien zu

---

[64] vgl. Fleisch et al. (2005) S. 19.
[65] vgl. Ballagas et al. (2006) S. 76f.
[66] US-Patent Nr.: 8,091,045.
[67] Swype Inc., URL siehe Literaturverzeichnis.
[68] Ishii et al. (1995), URL siehe Literaturverzeichnis.
[69] vgl. Zigelbaum et al. (2010).
[70] vgl. Mistry et al. (2009).
[71] Mistry et al. (2009) S. 4115.
[72] vgl. Spiekermann (2008) S. 21ff.
[73] vgl. ebenda S. 55ff.
[74] vgl. Fleisch et al. (2005) S. 3f.
[75] vgl. Picot et al. (2002).

vermeiden wären: Nichtverfügbarkeit von Produkten, Diebstahl, Identifizierung von gefälschten Produkten, Recyclingmaßnahmen und Lagerbestandsabweichungen. Sie fassen die dazugehörigen Methoden in Dienstleistungsgruppen zusammen[76]:

Kontrolldienstleistung: Durch die vollautomatische Datenerhebung und der damit verbundene Wegfall von Medienbrüchen lässt sich einerseits die Qualität der erhobenen Daten wesentlich verbessern, sowie die Grenzkosten der Erhebung um ein Vielfaches senken.[77] Nicht nur die Verfeinerung der zeitlichen Granularität auch die Granularität auf Objektebene spielt dabei eine wichtige Rolle. Mit günstiger werdenden RFID-Chips ist es möglich auch, dass auch B- und C-Güter mit Hilfe von Informationssystemen kosteneffizient organisiert werden können.[78] Eine praktische Anwendung ist die Einsparung einer Inventur, da zu jederzeit eine vollständige Inventur vorliegt. Zusätzlich hat diese keinen statistischen Charakter mehr, da sie Teil einer fortlaufenden Vollerhebung ist.

Leasingdienstleistung: Durch die Messbarmachung von bisher nicht messbaren, lassen sich neue Märkte eröffnen, in denen Anbieter wie Nachfrager profitieren. Der Vorteil liegt hier darauf, dass „die Nutzung bezahlt wird, nicht mehr der Besitz"[79]. Momentan erhält dieser Dienstleistungsbereich unter dem Namen Cloud Computing bereits einen Einzug in die Wirtschaft. Baars und Kemper zeigen in diesem Zusammenhang die Vernetzung von UC, Cloud Computing und Business Intelligence als Anwendungsfeld auf[80] und propagieren dabei zusätzlich eine allgegenwärtige Informationsdienstleistung.[81]

Risikodienstleistung: Risikomodellierung und die damit verbundene Minimierung von unerwarteten Kosten ist ebenso Teil eines planenden Unternehmens. Daher fallen hierunter Services, die mit UC-Technologien exakte Aussagen über Größen geben können, die bisher geschätzt werden müssen. Bspw. eine Versicherung, die sich Gedanken über den Versicherungsbeitrag von Autofahrern machen muss.[82] Diese Einschätzungen basieren i.d.R. auf Statistiken und sind selten individuell. Aber genau dies würde dann möglich gemacht werden.

---

[76] vgl. Fleisch et al. (2005) S. 26ff.
[77] vgl. ebenda S. 12.
[78] vgl. Fleisch (2001) S. 11.
[79] vgl. Fleisch et al. (2005) S. 26.
[80] vgl. Baars und Kemper (2011) S. 3f.
[81] vgl. Baars und Kemper (2010).
[82] vgl. Fleisch et al. (2005) S. 26.

Informationsdienstleistungen: Hierunter fallen Services, wie das direkte Abfragen von weiteren Informationen, im Sinne des vorher erwähnten Beispiels des auf ein BT-Informationssystem aufbauenden Museums.[83] Welzel sieht desweiteren einen Vorteil in der Reduktion von Transaktionskosten sowie beim Abbau von Marktunvollkommenheiten, hervorgerufen durch Informationsasymmetrien[84].

Abbildung 2: Das smarte Produkt und sein Kommunikationsnetzwerk zeigt grafisch den Zusammenhang zwischen den genannten Vorteilen auf. Dabei werden die Dimensionen den Handlungspersonen und ihr jeweiliger Nutzen mit den smarten Produkten zugeordnet.

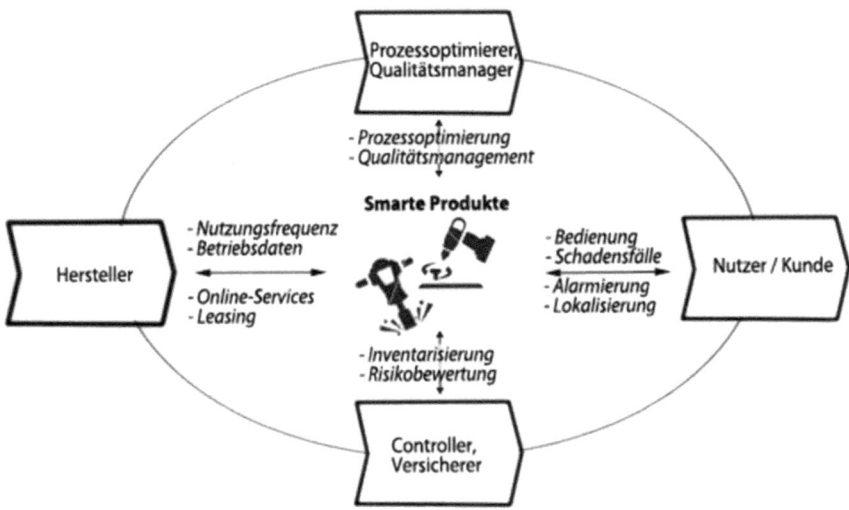

Abbildung 2: Das smarte Produkt und sein Kommunikationsnetzwerk[85]

3.3 Risiken

In diesem Kapitel werden Kritiken aufgezeigt, die vor allem im persönlichen Umfeld entsteht, sowie auf Gefahren und betriebswirtschaftliche Risiken hingewiesen, die im Zuge der UC-Technologien entstehen können und bei deren Entwicklung beachtet werden müssen. Angelehnt an Kategorisierung von Langheinrich et al.[86] lassen sich die Gefahren in drei Bereiche unterteilen:

---

[83] vgl. auch Rohs und Gfeller (2004), statt BT werden hier Barcodes verwendet.
[84] vgl. Welzel (2000), S. 466.
[85] angelehnt an Fleisch et al. (2005), S. 25, Abb. 13.
[86] vgl. Langheinrich et al. (2002).

Überwachung: Die Allgegenwart von Computern führt unweigerlich zu einer Allgegenwart von möglichen Überwachungsobjekten: Wände die hören können und Kühlschränke die mit der Waage im Bad kommunizieren, sind nur zwei vorstellbare Szenarien die allgemein nicht anerkannt sind, auch wenn dabei eine effizientere und sicherere Zukunft entsteht.[87]

Verlust der Kontrolle: Einhergehend mit einer gefühlten totalen Überwachung wird ein Verlust an Kontrolle wahrgenommen. Einer Kontrolle über die Daten, die über Privatpersonen erhoben werden, welche nicht wissen, was damit geschieht. Dennoch herrscht ein großes Interesse bei der Verwendung solcher Daten – auch bei Privatpersonen[88]. Auch wenn Langenheinrich et al. eine starke Kritik an der Technologisierung und dem damit einhergehenden Verlust von Privatsphäre üben[89], gewinnt Spiekermann die Erkenntnis, dass sich bei pro-aktiven UC-Technologien der Einfluss eines möglicherweise gebrochenen Datenschutzes relativ gering auf den Grad der Benutzung des Services auswirkt.[90]

Technologievorrang: Was Araya unter Technology Absolutism[91], Spiekermann und Pallas unter Technologiepaternalismus[92] versteht und Adamowsky mit der Totalität[93] verbindet, kann als Kritik am Technologievorrang bezeichnet werden, nämlich im Sinne Thackaras: „When it comes to innovation, we are looking down the wrong end of the telescope: away from people, toward technology."[94]. Denn dann ist die Gefahr gegeben, dass der empfangene Nutzen im Vergleich zur höheren technischen Komplexität als zu klein empfunden wird.[95]

Im Bereich der wirtschaftlichen Gefahren werden folgend Szenarien aufgezeigt, die im Zuge heutiger Cyberkriminalität bereits teilweise Realität geworden sind. Das Bundesamt für Sicherheit in der Informationstechnik (BSI) weist in seinem Bericht[96] auf mögliche Sicherheitsaspekte hin, die speziell bei der Identifikation von total vernetzten Objekten beachtet werden müssen. Vorstellbar sind dabei manipulative Eingriffe auf physikalischer wie auf virtueller Ebene. Zum einen darf es nicht möglich

---

[87] vgl. Rheingold (1994), URL siehe Literaturverzeichnis.
[88] vgl. my identity is open Projekt: http://my-miio.com/ und Wimmer (2011).
[89] vgl. Langheinrich et al. (2002) S. 17.
[90] vgl. Spiekermann (2008) S. 169.
[91] vgl. Araya (1995) S. 236.
[92] vgl. Spiekermann und Pallas (2006).
[93] vgl. Adamowsky (2000) S. 2.
[94] vgl. Thackara (2001) S. 48.
[95] vgl. Araya (1995) S. 235.
[96] vgl. BSI (2006), S 67.

sein, RFID-Tags zweier Objekte zu vertauschen, sowie die Kommunikation zwischen Objekten abzuhören, bzw. zu verändern. Auch das Einschleusen von nicht autori- sierten Objekten muss unterbunden werden. Dass dies momentan möglich ist, auch bei höchsten Sicherheitsstufen, und welche Auswirkungen dies haben kann, zeigt nicht zuletzt der Stuxnet-Angriff auf hochtechnologische Industrieanlagen[97]. Es ist anzunehmen, dass in einer noch mehr vernetzten Welt, die Wahrscheinlichkeit eines Angriffs gerade auf weiter entfernte Objekte zunehmen wird. Eine große Bedeutung wird dabei dem Trusted Platform Modul, ein von der Trusted Computing Group[98] entworfener Standard, der als Modul für integrierte und nachvollziehbare Sicherheit sorgen soll, beigemessen.

4 Anwendungsszenarien und Ausblick

Um die bisher wissenschaftlich umschriebenen Anwendungsfelder etwas bildlicher zu umschreiben soll Abbildung 3: Vernetzung von Objekten in einer UC-Welt verdeutli- chen, welche Objekte im Sinne des UCs miteinander agieren und damit einen be- triebswirtschaftlichen Mehrwehrt bieten.

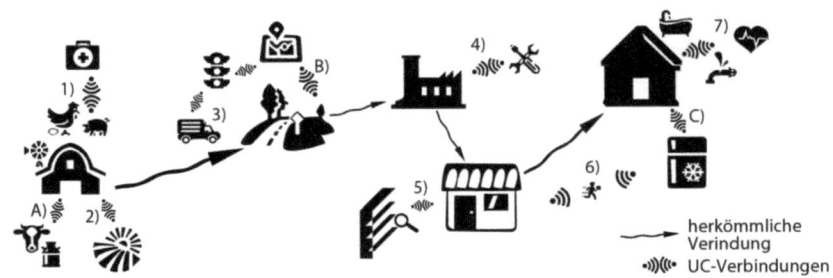

Abbildung 3: Vernetzung von Objekten in einer UC-Welt

Bereits realisierte Vernetzungen sind Mit den Buchstaben A) bis C) gekennzeichnet. Vernetzungen, deren Marktreife (noch) nicht erreicht wurde, sind mit 1) bis 7) mar- kiert.

1) Sensoren, die so klein und günstig sind, dass man sie jedem Tier entweder transplantieren könnte, oder zumindest jedes Tier eindeutig identifizieren, las-

---

[97] vgl. McMillan (2010) und Security Icidents Organization (2011), URL siehe Literaturverzeichnis.
[98] http://www.trustedcomputinggroup.org/.

sen sich mit einem Funksender ausstatten, der im Bedarfsfall, bspw. bei Unterschreitung eines Sollwertes einen medizinischen Service verständigt.

2) Äcker, ausgestattet mit hunderten Sensoren können ihre Bewässerung und Düngung selbst steuern.

A) Objekte, die elementare Bestandteile für höherwertige Güter liefern, müssen bereits zu einem hohen Grad eine nachvollziehbare Lieferkette aufweisen[99]. Beim automatischen Melkprozess, ist vorstellbar, dass sich Kühe, die keine einwandfreie medizinische Akte aufweisen, von der Melkmaschine nicht akzeptiert werden. Auch im Baugewerbe oder beim Abbau von Mineralien sind solche Szenarien denkbar.

3) Sobald Güter auf die Straße gebracht werden, können diese während der Fahrt mit dem Navigationsgerät des Fahrzeuges eine Verbindung aufbauen. um bspw. bei sinkenden Temperaturen eine andere Route vorzuschlagen. Desweiteren können Fahrzeuge, die einen Unfall oder Defekt erleiden mit der nächstgelegenen Ampel kommunizieren, um nachfolgenden Fahrzeugen ein rechtzeitiges und stauvermeidendes Ausweichen zu ermöglichen. Straßen, die mit Sensoren versehen sind, können Hinweise über die aktuelle Straßenlage und Umweltbedingungen geben, bspw. vor einem Erdbeben warnen.

B) Bereits jetzt ist es Navigationsgeräten möglich aktuelle Stauinformationen abzurufen und Alternativrouten vorzuschlagen.

4) In den Produktionsstätten selbst ist die Interaktion zwischen Werkzeugen ein Anwendungsgebiet. Werkzeuge wissen über ihren Standort und ihren Zustand Bescheid und können so eine Meldung an den Werkzeugkoffer geben, dass sie bspw. im Falschen liegen oder einen neuen Bohrkopf benötigen, der daraufhin den Werkzeugkoffer nicht schließen lässt, bzw. Ersatz ordert.

5) Die Bestückung der Regale erfolgt nun über das Regal selbst. Wenn dieses merkt, dass sich die Ware zum Ende neigt, bestellt das Regal eigenhändig nach und weist einen zuständigen Mitarbeiter an.

6) Der intelligente Kühlschrank ist nur eines von vielen Anwendungsgebieten, die im privaten Bereich möglich sind. Die eindeutige Identifizierung von Objekten macht möglich, dass der Kühlschrank über seine Bestückung Bescheid weiß, und darauf basierend nachbestellt, organisiert und seinen Besitzer auf Verfallsdaten hinweisen kann. Auch Rezeptvorschläge auf Grund der am wenigs-

---

[99]vgl. EG-Verordnung 178/2002 vom 28. Januar 2002 zur Lebensmittelsicherheit.

te haltbaren Lebensmittel sowie der medizinischen Werte, die das Badezimmer übermittelt hat, sind vorstellbar. Durch das automatische Nachbestellen, lassen sich so auch Lieferkettenproblematiken, wie den Bullwhip-Effekt vermeiden[100].

C) Teile des intelligenten Kühlschranks wurden bereits in die Realität umgesetzt[101]. Auch die Interaktion von elektrischen Geräten mit dem Stromzähler, bzw. dem Stromnetz ist bereits Realität[102]. Vorteil dabei ist eine bessere Verteilung der Auslastung der Infrastrukturen. Wenn Wasser in der Nacht erhitzt und vorgehalten wird, werden nächtliche Stromüberkapazitäten verhindert.

7) Sobald alle vorstellbaren Objekte mit eigenen Mikroprozessoren ausgestattet sind, können diese eigenständig kausale Handlungen vollziehen. Basierend auf meinem Wohlempfinden, aufgenommen von meiner Jacke, wird die Heizung reguliert und die passende Temperatur des Badewassers eingestellt. Die Werte der morgendlichen Toilette werden evaluiert und darauf basierend medizinische Empfehlungen ausgesprochen. Und einen Wasserrohrbruch bekommt man erst mit, wenn der Klempner bereits vor der Haustür steht.

Diese exemplarisch genannten Szenarien machen deutlich, welche Möglichkeiten vorhanden sind. Und wenn man bedenkt, dass es bereits seit Ende der 90er mehr als 30 Prozessoren pro Mensch gibt[103], scheint die von der Firma Advanced RISC Machines (ARM) aufgestellte Vision unter Betrachtung der aktuellen Entwicklung zu stimmen: ARM alleine will im Jahre 2020 über 100 Milliarden Mikroprozessoren ausgeliefert haben.[104] Mit Blick auf Weisers Parallele, der Fähigkeit Schreiben zu können, haben wurden Kugelschreiber entwickelt, die nicht nur auf dem Papier der jeweiligen Hersteller ihre Spuren hinterlassen können. Und dennoch scheint es ein weiter Weg zu einer Welt der allgegenwärtigen, vernetzten Computer zu sein.

Der Direktor der MIT's Media Labs schreibt in seinem Buch dazu, dass „… the rapid growth of the World Wide Web may have been just the trigger charge that is now setting off the real explosion, as things start to use the Net so that people don't need to."[105].

---

[100] Bottani et al. (2010).
[101] vgl. Innovation Retails Laboratory (2007), URL siehe Literaturverzeichnis.
[102] vgl. http://www2.yellostrom.de/privatkunden/sparzaehler/index.html.
[103] vgl. Thackara (2001) S. 48.
[104] vgl. http://www.theregister.co.uk/2011/02/01/arm_holdings_q4_2010_numbers/.
[105] Gershenfeld (2000) S. 212f.

Literaturverzeichnis

Adamowsky, N. (2000), Kulturelle Relevanz, Ladenburger Diskurs „Ubiquitous Computing", auf den Seiten des Kultur-Netzwerk EU-net e.V., http://www.kultur-netzwerk.de/fileadmin/Literatur/adamowldbg.pd, Zugriff am 08.01.2012.

Araya, A. a. (1995), Questioning ubiquitous computing, in: Hwang, C., Hwang, B. W., (Hrsg., 1995), S. 230-237.

Ashton, K. (2009), That 'Internet of Things' Thing, auf den Seiten des RFID-Journals, http://www.rfidjournal.com/article/view/4986, Stand vom: 07.01.2012.

Baars, H., Kemper, H.-G. (2010), Business Intelligence in the Cloud?, in: Liang, T.-P., Chen, H.-G. (Hrsg., 2010), Paper 145, S. 1529-1539.

Baars, H., Kemper, H.-G. (2011), Ubiquitous Computing – an Application Domain for Business Intelligence in the Cloud ? in: Sambamurthy, V., Tanniru M., (Hrsg., 2011), Paper 93.

Ballagas, R., Borchers, J., Rohs, M., Sheridan, J.G. (2006), The smart phone: a ubiquitous input device, in: IEEE Pervasive Computing, 5, 2006, 1, S. 70-77.

Barfield, W., Caudell, T. (Hrsg., 2001a), Fundamentals of wearable computers and augmented reality, Mahwah, NJ, USA 2011.

Barfield, W., Caudell, T. (2001b), Basic Concepts in Wearable Computers and Augmented Reality, in: Barfield, W., Caudell, T. (Hrsg., 2001), S. 3-27.

Bell, G., Dourish, P. (2006), Yesterday's tomorrows: notes on ubiquitous computing's dominant vision, in: Personal and Ubiquitous Computing, 11, 2006, 2, S. 133-143.

Bottani, E., Montanari, R., Volpi, A. (2010), The impact of RFID and EPC network on the bullwhip effect in the Italian FMCG supply chain, in: International Journal of Production Economics, 124, 2010, 2, S. 426-432.

Breslin, J. G., Decker, S. (2007), The Future of Social Networks on the Internet: The Need for Semantic, in: IEEE Internet Computing, 11, 2007, 6, S. 86-90.

Brown, J.S. (2001), Where have all the computers gone?, in: Technology Review, 104, 2001, 1, S. 86-87.

BSI, (2006), Pervasive Computing: Entwicklungen und Auswirkungen, auf den Seiten des Bundesamt für Sicherheit und Informationstechnik, https://www.bsi.bund.de/SharedDocs/Downloads/DE/BSI/Publikationen/Studien/Percenta/Percenta_dlay_pdf.pdf?__blob=publicationFile, Zugriff am: 07.01.2012.

Buhl, H. U., Huther, A., Reitwiesner, B. (2001) Information Age Economy, Heidelberg 2001.

Cano, J.-C., Manzoni, Toh, P., Toh, C.K.K. (2006), UbiqMuseum: A Bluetooth and Java Based Context-Aware System for Ubiquitous Computing, in Wireless Personal Communications, 38, 2006, 2, S. 187-202.

Castells, M. (2009), The Rise of the Network Society: The Information Age: Economy, Society, and Culture Volume I, Hoboken, San Francisco u.a. 2009.

Coelho, M., Zigelbaum, J. (Hrsg., 2010), Proceedings of the fourth international conference on Tangible, embedded, and embodied interaction, New York, 2010.

Coulouris, G., Dollimore, J., Kindberg, T. (2002), Verteilte Systeme: Konzepte und Design, München 2002.

Fleisch, E. (2001), Betriebswirtschaftliche Perspektiven des Ubiquitous Computing, in: Buhl, H. U., Huther, A., Reitwiesner, B (Hrsg., 2001), S. 177-191.

Fleisch, E., (2010), What is the Internet of Things ? An Economic Perspective, Whitepaper, Auto-ID Labs, o.O 2010.

Fleisch, E., Christ, O., Dierkes, M., (2005), Die betriebswirtschaftliche Vision des Internets der Dinge, in: Mattern, F., Fleisch, E. (Hrsg., 2005), S. 3-39.

Forman, G.H., Zahorjan, J. (1994), The challenges of mobile computing. IEEE Computer, 27, 1994, 4, S. 38-47.

Gellersen, H., (2000), Ubiquitäre Informationstechnologien, auf den Seiten des Karlsruher Institut of Technology, http://www.vs.inf.ethz.ch/publ/papers/UbiqGell.pdf, Zugriff am 08.01.2012.

Gershenfeld, N. (2000), When things start to think, New York, USA 2000.

Goldstein, S.C., Campbell, J.D., Mowry, T.C. (2005), Programmable matter, in: IEEE Computer, 38, 2005, 6, S. 99-101.

Greenfield, A. (2006a), Everyware: The Dawning Age of Ubiquitous Computing, Old Tappan, NJ, USA 2006.

Greenfield, A. (2006b), Everyware, Vorlesung an der Keio University, http://www.youtube.com/watch?v=GrbGBhzZPic, Stand vom: 07.01.2012.

Greif, H., Mitrea, O., Werner, M. (Hrsg., 2008), Information und Gesellschaft, Wiesbaden 2008.

Hansmann, U. Merk, L., Nicklous, M., Stober, T. (2001). Pervasive computing handbook, New York 2001.

Hawng, C., Hwang, B. W. (Hrsg., 1995), Proceedings of the 1995 ACM 23rd annual conference on Computer science (CSC 95), New York 1995.

HUC 99, (1999), International Symposium on Handheld and Ubiquitous Computing,
     auf den Seiten des Karlsruher Institute of Technology,
     http://www.teco.edu/huc/overview.html#themes, Stand vom: 07.01.2012.

ICANN (2011), Available Pool of Unallocated IPv4 Internet Addresses Now Com-
     pletely Emptied, auf den Seiten der Internet Corporation for Assigned Names
     and Numbers, http://www.icann.org/en/news/releases/release-03feb11-en,
     Zugriff am: 08.01.2012.

Innovation Retails Laboratory (2007), Intelligenter Kühlschrank, auf den Seiten des
     Deutsches Forschungszentrum für künstliche Intelligenz GmbH,
     http://www.dfki.de/irl/de/themen/heimbereich/intelligenterkuehlschrank.htm,
     Stand vom: 07.01.2012

Ishii, H., Paradiso, J., Picard, R. (1995), Thinks That Think Project, auf den Seiten
     des Massachusetts Institute of Technology,
     http://ttt.media.mit.edu/vision/vision.html, Stand vom: 07.01.2012.

IST-AG (1999), Orientations for workprogramme 2000 and beyond, auf den Seiten
     des europäischen Community Research and Development Information Service,
     ftp://ftp.cordis.europa.eu/pub/ist/docs/istag-99-final.pdf, Zugriff am 08.01.2012.

IST-AG (2003), Ambient Intelligence: from vision to reality, auf den Seiten des eu-
     ropäischen Community Research and Development Information Service,
     ftp://ftp.cordis.europa.eu/pub/ist/docs/istag-ist2003_consolidated_report.pdf,
     Zugriff am: 07.01.2012.

Krcmar, H. (2010), Einführung in das Informationsmanagement, Berlin, Heidelberg,
     2010.

Koch, M., Schlichter, J., (2001), Ubiquitious Computing, in: Schwabe, G., Streitz N.,
     Unland R. (Hrsg. 2001) S. 507-517.

Kotsis, G. (Hrsg. 2004), Advances in Pervasive Computing, Wien, 2004.

Jonathan, G., Ryan, A., Pentland, A., Paradiso, J. A. (2006), A sensor network for
     social dynamics. In Stankovic, J., Gibbons, P., Wicker, S., Paradiso J. A. (Hrsg.,
     2006), S. 483-491.

Langheinrich, M., Coroama, V., Bohn, J., Rohs, M, (2002) As we may live - Real-
     world implications of ubiquitous computing, Arbeitsbericht, ETH Zürich, 2002.

Liang, T.-P., Chen, H.-G. (Hrsg., 2010), Proceedings of the 14th Pacific Asia Confer-
     ence on Information Systems (PACIS), Taipeh, Taiwan 2010.

Lyytinen, K., Yoo, Y. (2002a), Issues and challenges in Ubiquitous Computing, in:
     Communications of the ACM, 45, 2002, 12, S. 62-65.

Lyytinen, K., Yoo, Y. (2002b), Research Commentary: The Next Wave of Nomadic
     Computing, in: Information Systems Research 13, 2002, 4, S. 377-388.

Mattern, F. (2001), Pervasive Computing or Ubiquitous Computing, in: Informatik Spektrum, 24, 2001, 3, S. 145-147.

Mattern, F. (2003), Smarte Gegenstände, in: Mattern, F. (Hrsg., 2003), S. 20-26.

Mattern, F. (Hrsg., 2003), Total vernetzt: Szenarien einer informatisierten Welt, Berlin, Heidelberg, 2003

Mattern, F. (2004),Ubiquitous computing: Schlaue alltagsgegenstände, in: Bulletin SEV/VSE, 95, 2004, 19, S. 9-13.

Mattern, F., Fleisch, E. (Hrsg., 2005), Das Internet der Dinge : Ubiquitous computing und RFID in der Praxis: Visionen, Technologien, Anwendungen, Handlungsanleitungen, Berlin, Heidelberg, 2005.

Mattern, F., Flörkemeier, C. (2010), Vom Internet der Computer zum Internet der Dinge, Informatik Spektrum, 33, 2010, 2, S. 107-121.

McMillan, R. (2010), Siemens: Stuxnet worm hit industrial systems, veröffentlicht auf den Seiten von Computerworld Inc., http://www.computerworld.com/s/article/print/9185419/Siemens_Stuxnet_worm_hit_industrial_systems?taxonomyName=Network+Security&taxonomyId=142, Stand vom: 07.01.2012.

Melcher, R., Hitz, M., Leitner, G., Ahlström, D. (2008), Der Einfluss von Ubiquitous Computing auf Benutzungsschnittstellenparadigmen, in: Greif, H., Mitrea, O., Werner, M. (Hrsg., 2008), S. 161-184.

Minker, W., Weber, M., Hagras H., Callagan v., Kameas A. (Hrsg. 2009), Advanced Intelligent Environments, Dordrecht, Heidelberg u.a. 2009.

Minker, W., Weber, M. (2009), Introduction, in: Minker, W., Weber, M., Hagras H., Callagan v., Kameas A. (Hrsg. 2009), S. xvii-xxi.

Mistry, P., Maes, P., Chang, L. (2009), WUW - Wear Ur World - A Wearable Gestural Interface, in: Olsen, D. R., Hinckley, K., Morris, M. R., Hudson S., Greenberg S. (Hrsg., 2009), S. 4111-4116

MIT Project Oxygen, auf den Seiten des Massachusetts Institute of Technology, http://oxygen.csail.mit.edu/Overview.html, Stand vom: 07.01.2012.

Moore, G.E. (1965), Cramming more components onto integrated circuits, in: IEEE Electronics, 38, 1965, 8, S. 33-35.

Olsen, D. R., Hinckley, K., Morris, M. R., Hudson S., Greenberg S. (Hrsg., 2009), Proceedings of the 27th international conference extended abstracts on Human factors in computing systems, Boston, MA, USA 2009.

Picot, A., Reichwald, R., Wigand, R.T. (2002), Die grenzenlose Unternehmung, Wiesbaden 2003.

Pipek, V. (2011), Definition zu Ubiquitous Computing, auf den Seiten der Enzyklopädie der Wirtschaftsinformatik, http://www.enzyklopaedie-der-wirtschaftsinformatik.de/wi-enzyklopaedie/lexikon/technologien-methoden/Rechnernetz/Ubiquitous-Computing, Stand vom: 07.01.2012.

Poslad, S. (2009), Ubiquitous Computing: Smart Devices, Environments and Interactions, West Sussex, UK 2009

Rheingold, H. (1994), PARC is Back!, veröffentlicht auf den Seiten des wired-Magazin, http://www.wired.com/wired/archive/2.02/parc_pr.html, Stand vom: 07.01.2012.

Rohs, M., Gfeller, B. (2004), Using camera-equipped mobile phones for interacting with real-world objects, in: Kotsis, G. (Hrsg. 2004), S. 265-271.

Ronzani, D., (2000), The battle of concepts : ubiquitous computing , pervasive computing and ambient intelligence in mass media, in: Communication of the ACM, 4, 2000, 2, S. 9-19.

Sambamurthy, V., Tanniru M., (Hrsg., 2011), A Renaissance of Information Technology for Sustainability and Global Competitiveness. 17th Americas Conference on Information Systems, AMCIS 2011, Detroit, Michigan, USA, 2011.

Satyanarayanan, M., (2002), A catalyst for mobile and ubiquitous computing, in: IEEE Pervasive Computing, 1, 2002, 1, S. 2–5.

Schwabe, G., Streitz N., Unland R. (Hrsg. 2001), CSCW Kompendium, Berlin, Heidelberg u.a. 2001.

Security Incidents Organization, (2011), The Repository of Security Incidents, auf den Seiten der Security Incidents Organziation, http://www.securityincidents.org/, Stand vom: 08.01.2012.

Spiekermann, S., Pallas, F. (2006), Technology Paternalism – Wider Implications of Ubiquitous Computing, in: Poiesis & Praxis: International Journal of Technology, 4, 2006, 1, S. 6-18.

Spiekermann, S. (2008) User control in ubiquitous computing: Design alternatives and user acceptance, Diss. an der HU Berlin, Berlin 2008.

Stankovic, J., Gibbons, P., Wicker, S., Paradiso J. A. (Hrsg., 2006), Proceedings of the fifth international conference on Information processing in sensor networks IPSN 06, Nashville, TN, USA 2006.

Swype Inc, (2011), Specs, auf den Seiten der Swype Inc., http://www.swype.com/about/specifications/, Stand vom: 07.01.2012.

Taubes, G. (2000), Transparent Computing, auf den Seiten der IBM Think Research, http://domino.watson.ibm.com/comm/wwwr_thinkresearch.nsf/pages/coverstory100.html, Stand vom: 04.01.2012.

Thackara, J. (2001), The design challenge of pervasive computing, in: interactions, 8, 2001, 3, S. 46-52.

Weiser, M. (1993a), Some computer science issues in ubiquitous computing, in: Communications of the ACM, 36, 1993, 7, S. 75-84.

Weiser, M. (1991), The Computer for the 21 st Century, in: Scientific American, 3, 1991, 3, S. 94-104.

Weiser, M. (1994), The world is not a desktop, in: interactions, 1, 1994, 1, S. 7-8.

Weiser, M. (1993b), Ubiquitous computing, in: IEEE Computer, 26, 1993, 10, S.71-72.

Weiser, M. (1996), Ubiquitous Computing, auf den Seiten des Xerox PARC, http://www.ubiq.com/ubicomp/, Stand vom: 02.01.2012.

Weiser, M., Brown, J.S. (1996), Designing Calm Technology, in: PowerGrid Journal, 1, 1996, 1, S. 1-5.

Welzel, P. (2000), Ubiquitous Computing – von der Vision zu ökonomischen Konsequenzen, in: Wirtschaftsinformatik, 42, 2000, 5, S. 465-466.

Wimmer, B. (2011), Menschen werden auf Datensätze reduziert, auf den Seiten von Futurzone GmbH, http://futurezone.at/netzpolitik/3381-menschen-werden-auf-datensaetze-reduziert.php, Stand vom: 07.01.2012.

Zerdick, A., Picot, A., Schrape, K., Burgelman, J.-C., Silverstone, R., Feldmann, V., Heger, D. K., Wolff, C., (Hrsg., 2004), E-Merging Media – Kommunikation und Medienwirtschaft der Zukunft, Berlin, Heidelberg u.a. 2004.

Zigelbaum, J., Browning, A., Leithinger, D., Bau, O., Ishii, H. (2010), G-stalt: a chirocentric, spatiotemporal, and telekinetic gestural interface, in: Coelho, M., Zigelbaum, J. (Hrsg., 2010), S. 261-264.

BEI GRIN MACHT SICH IHR WISSEN BEZAHLT

- Wir veröffentlichen Ihre Hausarbeit,
  Bachelor- und Masterarbeit

- Ihr eigenes eBook und Buch -
  weltweit in allen wichtigen Shops

- Verdienen Sie an jedem Verkauf

Jetzt bei www.GRIN.com hochladen
und kostenlos publizieren